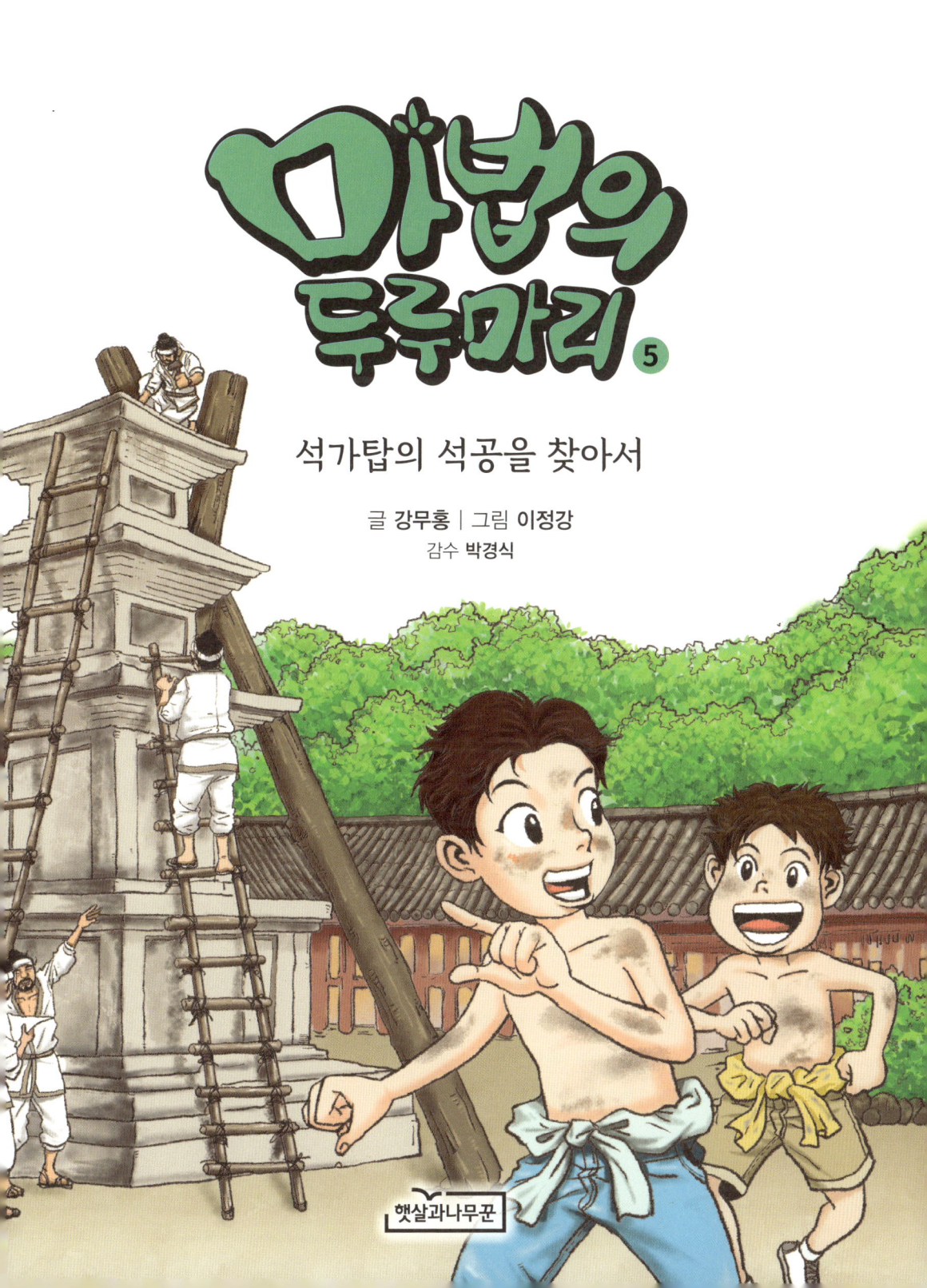

마법의 두루마리 5

석가탑의 석공을 찾아서

글 강무홍 | 그림 이정강
감수 박경식

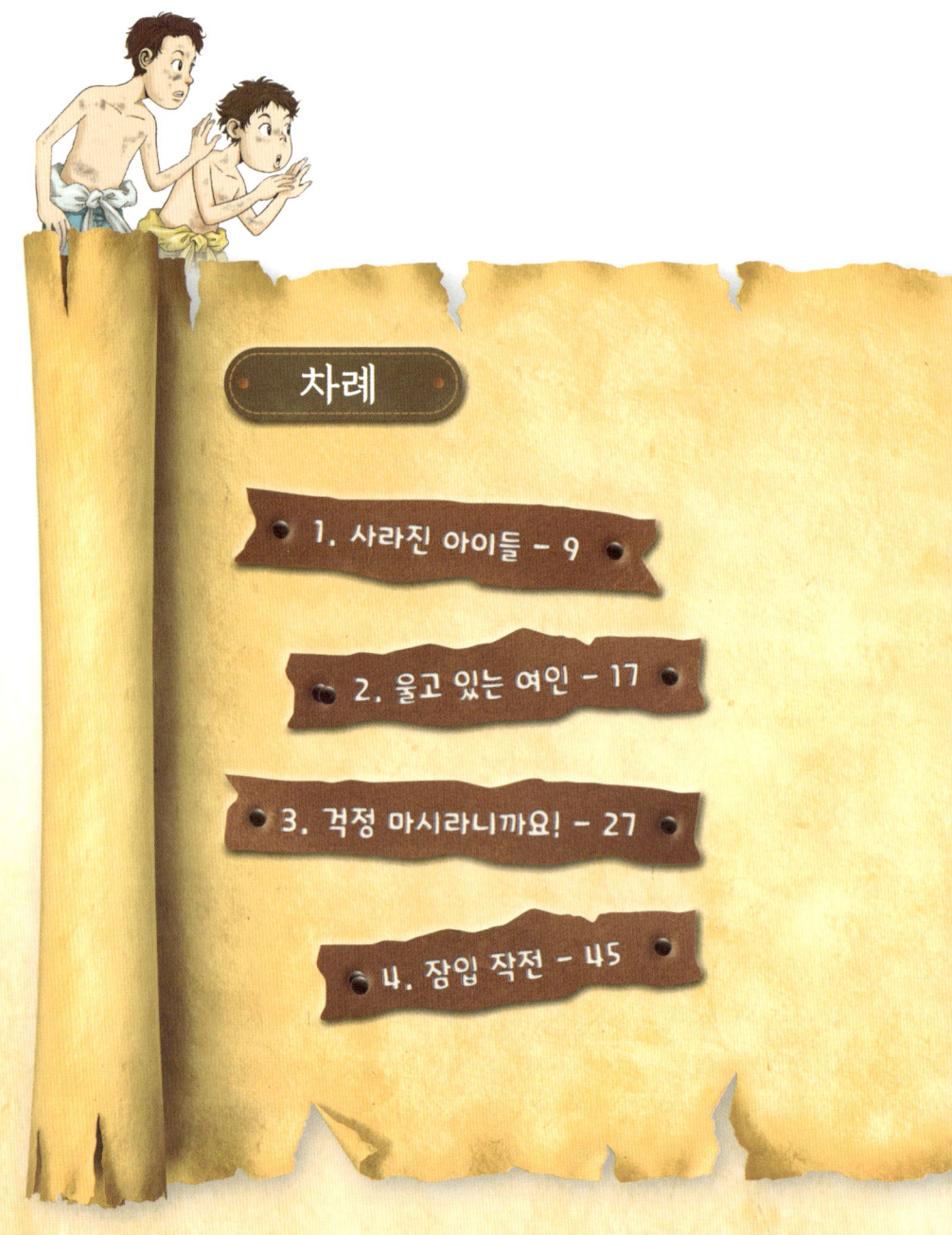

차례

- 1. 사라진 아이들 - 9
- 2. 울고 있는 여인 - 17
- 3. 걱정 마시라니까요! - 27
- 4. 잠입 작전 - 45

석가탑의 석공을 찾아서

- 5. 이걸 몽땅 옮기라고요? – 59
- 6. 다들 물러나시오! – 69
- 7. 그 사람이 와 있단 말이냐! – 83
- 8. 어둠 속의 협박 – 95

부록 | 준호의 역사 노트 – 106

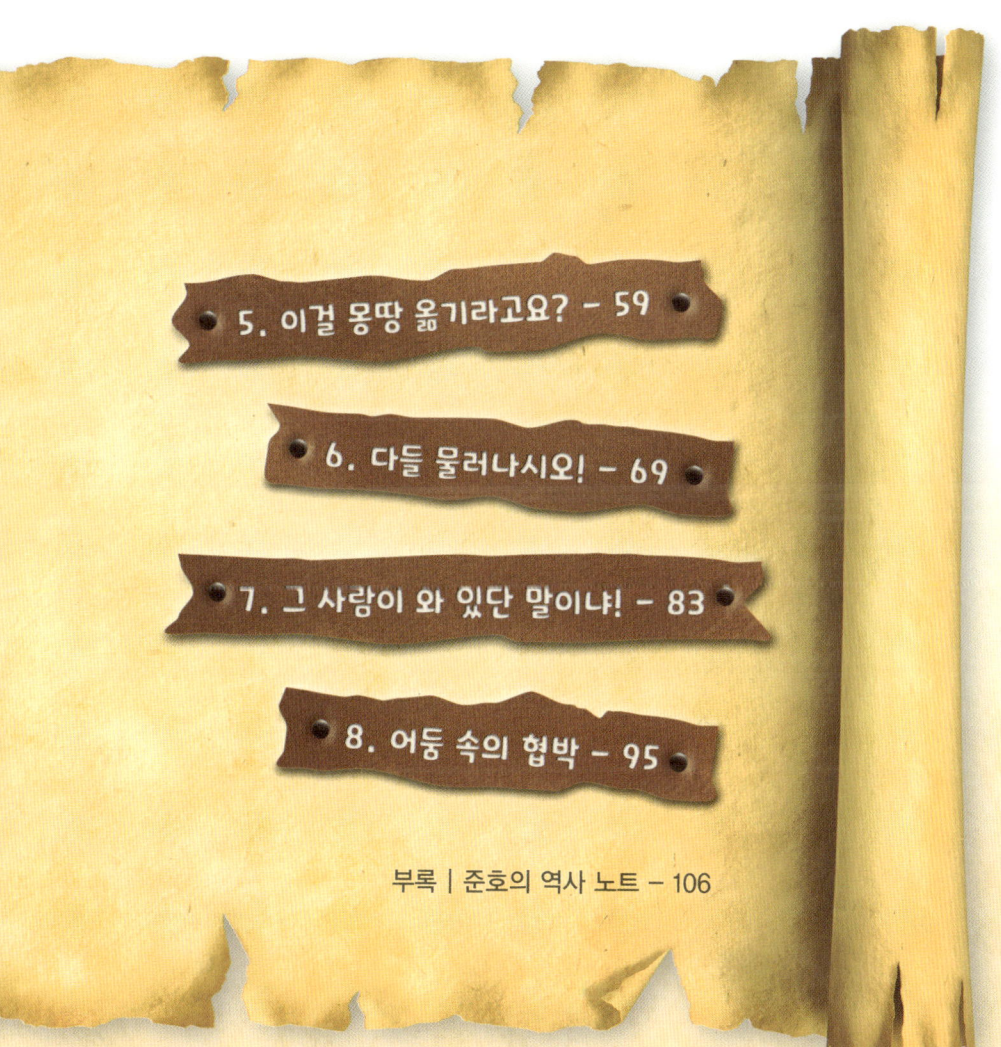

마법의 두루마리를 펼치기 전에

 호기심 많은 형제 준호와 민호는 역사학자인 아빠를 따라 경주의 작은 마을로 이사를 간다. 새집 지하실에서 마법의 두루마리를 발견한 둘은 석기 시대, 고려 시대, 조선 시대 등 과거 속으로 여행을 떠난다.
 준호와 민호는 조선 시대의 궁궐에서 엄청난 사건을 직접 목격한다. 둘은 어떻게든 도움이 되고 싶었지만, 모래시계의 시간을 거스를 수는 없었다. 결국 아무것도 하지 못한 채 현실로 돌아오고 마는데…….

1. 사라진 아이들

어디선가 소리가 났다. 작지만 또렷한 소리, "형!" 하고 외치는 소리, 드르륵 투두둑 쿵 하는 소리가.

'무슨 소리지?'

나무에서 풍뎅이를 잡고 있던 수진이 날카롭게 돌아보았다. 그러고는 사냥감을 발견한 사냥꾼처럼 집요하게 그 정체를 파고들었다.

'그 애들 소리가 틀림없어!'

수진은 호기심에 눈을 번뜩이며 나무 밑으로 사뿐히 뛰어내렸다. 물론 자기네 집이 아닌 민호네 뒤뜰로. 그러고는 소리가 나는 곳을 찾아 귀를 쫑긋 세웠다. 어디서 나는 걸까?

앞마당으로 가던 수진이 모퉁이에서 방향을 바꾸어 뒤로 돌았다. 소리는 아무래도 뒤뜰에서 나는 것 같았다. 그것도 땅 밑에서 들리는 것 같았다.

'땅 밑에서 소리가 날 리 없는데⋯⋯. 혹시 지하실?'

수진은 빠르게 기억을 더듬었다.

'그래! 지난번에 그 애들이 지하실 어쩌고저쩌고하는 말을 했지?'

다시 소리를 쫓아 발치의 벽 쪽을 눈으로 훑었다. 그러다 벽 아래쪽에서 무언가를 발견했다. 엉겅퀴들이 벽을 따라 쭈르륵 서 있었는데, 서너 발짝 앞에 있는 엉겅퀴 뒤에 작은 창문이 있었다.

'저기다!'

소리는 거기서 흘러나오는 것 같았다. 창문이 아주 살짝 열려 있었는데, 가까이 다가가자 소리가 조금 전보다 더 크고 뚜렷이 들렸다.

수진은 들키지 않도록 창 옆에 쪼그리고 앉아 밖으로 흘러나오는 소리에 귀를 기울였다.

"……이건 그때 갔던…… 노란 팻말…… 비단 끈이…….”

소리가 띄엄띄엄 들리자 수진은 속이 터질 것 같았다.

'어휴, 제발 좀 크게 말해, 크게!'

수진은 엿듣는 주제에 투덜거렸다. 방금 전 소리는 두 사내아이 가운데 키가 더 큰 준호라는 아이의 목소리 같았다. 준호의 목소리는 꼭 모기 소리처럼 앵앵거리며 귀를 간질였다.

하지만 곧 수진의 속을 뻥 뚫어 주는 시원한 목소리가 들렸다.

"형, 그럼 이걸 펴 보자!”

그래그래, 그렇게 큰 소리로 말해야지!

"난 어쩐지 이 두루마리가 마음에 들어. 이걸 펼치면 형이 가 보고 싶어 하는 고구려 시대로 갈 것 같아. 이거 펴 보자, 응?”

민호의 카랑카랑한 목소리가 한 마디도 빠지지 않고 수

진의 귓속으로 쭉 빨려 들어왔다. 그 가운데서도 특히 '두루마리'와 '고구려'라는 낱말이 수진의 날카로운 레이더에 걸렸다.

'두루마리? 고구려?'

수진은 이제 가만히 듣고 있을 수가 없었다. 창문 앞으로 가서 안을 들여다보자 어두컴컴해서 잘 보이지 않았다. 하지만 안에서 뭔가가 움직이는 것 같았다. 수진은 좀 더 자세히 보려고 창문에 얼굴을 바짝 갖다 댔다.

그 순간 푸른빛이 번쩍하며 아이들의 모습이 보이는가 싶더니, 다시 컴컴해지며 갑자기 조용해졌다.

지하실에는 아무도 없었다. 어두컴컴해서 잘 보이지는 않았지만 정적만 감돌 뿐, 아이들이 온데간데없이 사라진 것이다!

수진은 놀라서 눈이 휘둥그레졌다. 도대체 무슨 일이 일어난 걸까?

수진은 창문을 열어젖히고 어둠 속으로 뛰어내렸다. 나

무에서 민호네 마당으로 뛰어내렸듯, 지하실로 훌쩍 뛰어내린 것이다. 그곳이 남의 집이라는 사실 따윈 잠시 잊어버리고!

2. 울고 있는 여인

준호와 민호는 철쭉 덤불숲에 있었다. 푸른 철쭉나무들이 빽빽이 자라난 덤불숲 위로 뜨거운 여름 볕이 내리쬐고 있었다.

"안 된다니까. 부정을 탄다지 않소!"

웬 사내의 짜증 섞인 고함 소리에 준호와 민호는 덤불숲 위로 살짝 고개를 들었다.

한 여인이 사내의 팔을 붙잡고 애원하고 있었다.

"제발 한 번만……. 멀리 사비성*에서 산 넘고 물 건너 찾아왔습니다. 부디 얼굴만이라도 보게 해 주세요!"

"아, 글쎄, 나도 어쩔 수 없다니까! 어서 돌아가시오!"

사내는 몹시 성가시다는 듯 여인의 손을 홱 뿌리쳤다. 그 바람에 여인은 흙바닥에 내동댕이쳐지고 말았다.

"어휴, 너무해!"

민호가 흥분하자, 준호가 쉿 하고 주의를 주었다.

준호는 재빨리 민호 옆에 떨어져 있던 두루마리를 집었다. 민호도 모래시계를 집어 얼른 주머니에 넣었다.

'흠, 사비성이라면 백제의 수도인데…….'

이곳은 과연 어디일까? 저 사내와 여인은 누구이며, 여기서 뭘 하고 있는 걸까?

* **사비성**

백제의 마지막 도읍. 백제는 고구려의 침략으로 도읍을 두 번 옮겼다. 첫 번째 도읍은 서울의 한강 유역에 있었는데, 고구려가 쳐들어오자 웅진(지금의 충청남도 공주)으로 옮겼다가 다시 사비(지금의 충청남도 부여)로 옮겼다. 사비성은 백제의 정치, 경제, 사회, 문화의 중심지로 수준 높은 백제의 문화유산과 기술이 전해지던 곳이다. 부여의 백제 시대 절터에서 발견된 금동대향로는 백제의 빼어난 공예기술을 보여주는 대표적인 문화유산이다.

◀ 백제금동대향로(국립부여박물관 소장)

준호는 철쭉 덤불 뒤에 몸을 숨기고는 바닥에 두루마리를 펼쳤다.

왼쪽 지도 속의 한반도는 한강에서 한참 위쪽, 그러니까 평양 부근에서 동서로 경계선이 그어져 있었다. 그렇다면 삼국 시대는 절대 아니었다. 국경선의 위치로 보아 통일 신라나 고려 시대 같은데, 여인이 백제의 옛 수도 사비성에서 왔다 하니 아마도 통일 신라* 시대가 아닐까 싶었다.

준호는 지도를 다시 자세히 들여다보았다. 지금의 경상도 부근에 점이 찍혀 있었다.

"형, 어딘지 알 것 같아?"

민호가 묻자 준호는 고개를 갸웃거리며 오른쪽에 있는 큰 지도를 보았다. 큰 건물과 불상, 탑들이 있는 것으로 보아 어떤 절의 지도 같았다.

* 통일 신라
삼국을 통일한 신라는 왕권을 강화하고 나라의 힘을 하나로 모아야 했다. 그래서 새로운 제도를 마련하고 불교를 통해 백성들의 마음을 한데 묶으려고 애썼다. 불국사를 지을 때도 백제 출신의 뛰어난 석공을 데려와 탑을 만들게 함으로써 정신과 문화의 통일을 꾀했다.

"여긴 통일 신라 같은데……. 두루마리에 절 지도가 나와 있는 걸 보면 혹시 불국사가 아닐까?"

민호의 눈이 왕방울만 해졌다.

"뭐, 불국사! 그럼 여기가 경주란 말이야? 우리 집이 있는 그 경주?"

준호가 막 대답을 하려고 하는데, 누군가 "어험, 어험!" 하고 헛기침을 하는 소리가 들려왔다. 준호와 민호는 재빨리 몸을 웅크리고 덤불 너머에서 들려오는 소리에 귀를 기울였다.

"거, 웬 소란인가!"

덤불 사이로 눈썹이 짙고 풍채가 좋은 스님 한 분이 여인과 사내 쪽으로 걸어오는 것이 보였다.

사내가 공손히 머리를 조아리며 말했다.

"아, 대사님, 이 아낙이 오늘도 찾아와 남편을 만나게 해 달라고 생떼를 쓰지 뭡니까. 하루 이틀도 아니고, 몇 날 며칠을 이렇게 날마다 졸라 대니, 원. 대사님께서 따끔하게 말씀하셨건만, 당최 말을 듣질 않습니다요."

여인이 흐느끼며 바닥에 엎드렸다.

"대사님, 천 리 길을 달려왔습니다. 잠깐만 만나게 해 주세요."

스님은 몹시 못마땅한 눈치였다.

"내가 그리 알아듣게 일렀거늘, 웬 소란이냐. 네 지아비는 지금 대자대비 부처님의 불국토*에 신성한 탑을 만들고 있다. 그리 중한 일을 하고 있는데, 어찌 사사로운 감정을 앞세워 일을 그르치려 한단 말이냐. 신성한 경내에서 경거망동하지 말고 썩 물러가거라!"

여인은 애원하는 듯한 눈빛으로 스님을 바라보며 애타게 빌었다.

"부디 이 미천한 중생을 가엾이 여기셔서 한 번만, 한 번만……."

여인의 눈에서 다시 눈물이 후드득 떨어졌.

애처로운 여인의 모습에 잠시 마음이 흔들렸는지, 스님의 기세가 조금 누그러졌다.

▲ 불국사 전경

* 불국토
'부처의 나라'라는 뜻. 신라 사람들은 신라를 부처가 사는 깨끗한 세상인 '불국토'로 보고, 그 상징으로 불국사를 세웠다. 불국토 사상을 통해 신라인들은 자연스럽게 불교를 받아들이고, 번뇌를 벗어나 맑게 살아가려고 애썼다.

"참으로 딱하구먼, 나무관세음보살. 그리 지아비를 만나고 싶거든 하루빨리 탑*이 완성되도록 불공을 드려라. 치성을 다해 빌면 소원이 이루어질 테니. 여기서 얼마 떨어지지 않은 곳에 작은 연못이 있다. 탑이 다 만들어지면 그 연못에 탑 그림자가 비칠 게야. 그러면 남편을 만날 수 있을 테니, 그때 다시 오너라."

여인은 스님의 말에 닭똥 같은 눈물만 뚝뚝 떨어뜨렸다. 그렇게 애원했건만, 결국 지금은 만날 수 없다는 얘기였다.

"대사님, 하오면 먼발치에서 얼굴만이라도 보게······."

여인이 다시 애원하자, 잠시 누그러졌던 스님이 태도를 싹 바꾸고는 단호하게 말했다.

* **탑**

탑은 고대 인도에서 처음 만들기 시작했는데, 석가모니의 몸에서 나온 사리를 모셔 놓으면서 불교에서 중요한 신앙의 대상이 되었다. 불교가 발전함에 따라 많은 탑이 세워져 부처님의 몸에서 나온 사리가 부족해지자 경전이나 유리구슬 등을 봉안했다. 우리나라에는 불교와 함께 중국을 통해 전래되었다.

"어허, 왜 이리 미련하게 구는 게야. 어서 물러가래도. 앞으로 다시는 찾아오지 마라. 또다시 이곳에 나타나 소란을 피우면, 그때는 부처님을 모독한 불경죄로 엄히 다스릴 테다. 어서 물러가거라!"

스님은 얼른 쫓아 버리지 않고 뭐 하냐는 듯 사내를 바라보고 턱으로 여인을 가리키고는 매몰차게 돌아서서 가 버렸다.

사내가 손을 내저으며 말했다.

"어서 돌아가시오! 스님 말 못 들었소? 괜한 고집 피우다가 봉변당하지 말고 어서 가시오, 어서!"

그러고는 여인에게 겁을 주려는 듯 창으로 바닥을 쿵쿵 내리쳤다.

여인은 소맷자락으로 눈물을 훔치며 간신히 몸을 일으켰다. 그러고는 어깨를 축 늘어뜨린 채 준호와 민호가 있는 덤불숲 쪽으로 비틀비틀 걸어왔다.

준호와 민호는 안타까워서 여인을 계속 지켜보았다. 여

인은 두 아이 앞을 비틀거리며 지나가더니, 숲으로 휘어지는 모퉁이에서 허깨비처럼 픽 쓰러지고 말았다. 준호와 민호는 누가 먼저랄 것 없이 여인에게 달려갔다.

3. 걱정 마시라니까요!

"아줌마, 괜찮으세요?"

쓰러진 여인의 이마에는 땀이 송골송골 맺혀 있었다.

준호가 걱정스러운 표정으로 여인의 땀을 닦아 주었다.

민호도 여인의 팔다리를 주물렀다. 여인이 딱하다는 마음 때문인지 먼 과거에서 만난 낯선 사람인데도 왠지 남 같지가 않았다. 민호는 엄마한테 안마를 해 줄 때처럼 여인을 정성껏 꼭꼭 주물러 주었다.

"형, 이 아줌마는 살이 너무 없다. 우리 엄마는 살이 많은데."

잠시 뒤, 여인이 신음 소리를 내며 가늘게 눈을 떴다.

"정신이 좀 드세요?"

준호가 묻자 여인은 두어 번 눈을 끔뻑이고는 몸을 추스르고 일어나 앉았다.

"아, 이제 어쩌면 좋아……."

새삼 자신의 신세가 떠오른 듯, 여인의 눈에서 한 줄기 눈물이 흘렀다.

"울지 마세요. 또 쓰러지시겠어요."

준호가 말하자 민호도 한마디 했다.

"그래요, 아줌마. 너무 말랐던데, 집에 가서 밥도 먹고 좀 쉬세요. 우리가 집까지 바래다 드릴게요."

'집'이라는 말에 여인은 한숨을 내쉬며 울먹였다.

"지아비를 만나러 사비성에서 서라벌*까지 그 먼 길을 왔는데 얼굴 한 번 못 보고 어찌 돌아간단 말이냐."

"사비성이요? 여기서 먼가요?"

민호가 묻자 준호가 되물었다.

"사비성이라면, 옛 백제 땅 말이지요?"

"그래. 그이는 사비성에서 내로라하는 석공이었지. 서라벌에 불국사를 새로 짓는데, 탑을 만들 석공이 필요하

▲ 경주 동궁과 월지

* **서라벌**
신라의 도읍으로, 지금의 경주를 가리킨다. 정치, 문화의 중심지로 왕궁과 귀족의 저택은 물론, 일반 백성들의 거주지도 있었다. 신라가 나라를 세운 서기전 57년부터 통일 신라가 멸망하는 935년까지, 992년 동안 도읍으로 있었다. '천년 고도 경주'는 여기에서 비롯된 말로, 경주에는 궁궐로 쓰인 동궁과 월지를 비롯해 신라의 유적과 유물들이 많다.

다며 그이를 데려갔어. 하지만 집을 떠난 지 열두 달이 다 되도록 소식이 없기에, 이렇게 찾아온 거란다. 공사 중에 다쳐서 죽은 사람이 있다는 소문도 들리고……. 그이가 죽었는지 살았는지 보게만 해 주면 좋으련만, 야속한 사람들…….”

불국사*라니, 역시 준호의 예상이 맞았다! 민호는 괜히 자기가 으쓱했다. 그사이 준호는 재빨리 머리를 굴렸다.

'불국사에 탑을 만들기 위해 사비성에서 석공을 데려왔다고? 그럼 그 탑은…….'

탑, 불국사, 사비성 석공, 그 석공을 찾아온 여인……. 한순간 준호의 머릿속에서 흩어져 있던 낱말들이 하나의 이야기로 맞추어졌다. 그 탑은 바로 다보탑과 석가탑이었

* **불국사**
경주 토함산 기슭에 있는 절로, 통일 신라의 불교문화를 대표하는 절이다. 석가탑과 다보탑, 청운교와 백운교 등 귀중한 유적이 많다.

◀ 불국사의 청운교와 백운교

다. 그러니까 여인이 만나려는 그 석공이란 바로 저 아름다운 석가탑을 만들었다는 전설의 석공*이 틀림없었다.

여인이 다시 눈물을 비치자, 민호가 씩씩대며 말했다.

"도대체 왜 못 만나게 하는 거예요?"

"부처님을 모시는 탑에 부정이 타면 안 된다고, 그이가 탑을 다 만들 때까지 기다리라는구나. 얼굴만 보게 해 달라는데도, 절대로 안 된다고……."

"어휴! 진짜 너무한다!"

여인은 눈물을 훔치고 힘없이 자리에서 일어났다.

"그래. 해도 너무하지. 혹시 몸져누운 것은 아닌지……."

그 순간 민호가 불쑥 물었다.

"우리가 대신 보고 올까요? 아저씨 잘 있는지?"

---

* 석공

돌을 다루는 기술자를 말한다. 통일 신라 시대에 석공들은 정교한 솜씨와 과학 기술로 수많은 불상과 탑을 만들었다. 불상과 탑의 주요 재료였던 화강암은 단단해서 다루기가 까다로웠으나 석공들은 뛰어난 기술과 지혜로 이를 극복했다. 통일 신라 시대에는 최고의 탑을 짓기 위해 기술이 뛰어난 백제 출신의 석공을 쓰기도 했다.

여인과 준호는 놀라서 동시에 소리쳤다.

"뭐?"

"뭐!"

저도 모르게 소리를 지른 준호는 그만 얼굴을 붉히고 말았다. 당황스럽기도 하고, 여인에게 미안하기도 했다. 하지만 도대체 무슨 수로 여인의 남편을 보고 온단 말인가?

그 점은 여인의 생각도 같았다.

"나도 못 들어가는데, 너희 같은 어린아이들이 어떻게 들어간다고……."

여인은 거기까지 이야기하고는 새삼스레 아이들을 훑어보았다. 짧은 머리와 낯선 옷차림, 그리고 준호가 갖고 있는 두루마리까지. 아무래도 뭔가가 이상했다.

여인은 준호와 민호를 유심히 살피며 물었다.

"그런데 너희는 어디 사는 아이들이냐?"

준호는 당황해서 우물쭈물했지만, 민호는 아랑곳 않고 도리어 큰소리를 쳤다.

"아이참, 지금 그게 문제예요? 시간이 없단 말이에요. 아저씨를 만나면 뭐라고 할까요? 할 말 없으세요?"

남편에게 전할 말이 없느냐는 말에 여인은 다시 슬픈 표정을 지었다.

준호도 이제는 체념한 듯 조용히 말했다.

"말씀해 보세요, 아줌마. 아저씨께 뭐라고 전할까요?"

그러자 여인이 넋 나간 사람처럼 중얼거렸다.

"아, 몸은 괜찮으신지요. 식솔들은 다 잘 있으니, 걱정 마세요. 탑을 다 만드는 날까지 부디 건강하시고, 내일이면 당신이 떠나신 지 벌써 열두 번째 보름인데……."

그러고는 문득 생각난 듯 아이들의 눈을 보며 말했다.

"혹시, 혹시라도 정말로 그이를 만나거든, 내일 밤 보름달이 뜰 때 저 계단 위에 있어 달라고 전해 주겠니? 내가 멀리서도 볼 수 있도록."

민호는 크게 고개를 끄덕이고는 당장 절 쪽으로 뛰어가려 했다. 하지만 준호가 민호를 붙잡았다.

준호는 정확히 확인하려는 듯 여인에게 다시 물었다.

"계단이라뇨? 어디요?"

여인이 손을 들어 산 위를 가리켰다.

"저기, 저 숲에 계단이 보이지?"

여인이 가리킨 곳에는 멋진 계단 두 개가 햇빛에 눈부시게 빛나고 있었다. 하나는 조금 낮고, 또 하나는 그보다 조금 높은 계단이었다.

"내일 밤 달이 뜨면, 저기 높은 계단에 서 있어 달라고 전해 주렴. 내가 먼발치에서 보고 있겠다고……."

여인의 목소리에서 힘이 빠지는가 싶더니, 여인은 곧 절레절레 고개를 저었다.

"내가 지금 무슨 소리를 하는 건지. 너희가 저곳에 어찌 들어간다고……. 후유."

민호가 답답하다는 듯이 가슴을 탕탕 쳤다.

"아이참, 우리만 믿으시라니까요! 걱정 마세요. 아저씨한테 꼭 전해 드릴게요. 내일 밤에 저 계단에 서 있으라고!"

여인은 아이들을 바라보며 쓸쓸한 웃음을 떠올렸다.

"마음만이라도 고맙구나. 괜한 짓 하다가 혼쭐나지 말고, 너희도 어서 집에 가거라."

민호는 답답해서 더 듣고 있을 수가 없었다.

"빨리 가자, 형!"

그러고는 절 쪽으로 냅다 뛰었다. 준호도 황급히 말했다.

"아줌마, 저희가 아저씨한테 꼭 전해 드릴게요!"

준호는 인사를 마치기가 무섭게 허둥지둥 민호의 뒤를 쫓아갔다. 철쭉 덤불숲께서 민호를 따라잡은 준호는 민호의 팔을 잡고 아까 숨어 있던 덤불 뒤로 갔다.

"야, 그냥 무작정 가면 어떡해, 작전을 세워야지! 그러다 붙잡히면 어쩌려고?"

그러자 민호가 신이 나서 말했다.

"작전? 이야, 신난다! 형, 그럼 우리 개구멍을 찾아 들어가자!"

준호는 어이가 없다는 듯 한숨을 푹 쉬고는 주위를 둘러보았다. 울타리처럼 늘어선 철쭉 덤불과 오리나무들 너머로 울창한 숲이 우거져 있었다. 이런 숲에 과연 개구멍 같은 것이 있을까?

"그건 별로 안 좋은 작전 같아."

그때 왁자지껄한 사람들 소리와 함께 구르릉 하고 뭔가가 땅을 지나가는 소리가 들렸다.

소리가 나는 쪽으로 다가가 보니, 샛길이 끝나는 곳에 널찍한 도로가 나타났다. 그 넓은 길로 짐을 실은 수레들이 줄줄이 올라오고 있었다. 수레에는 크기와 모양이 제각각인 돌*과 기와가 실려 있었다. 어떤 수레에는 쌀이나 보리 같은 곡식 가마니들이 잔뜩 실려 있기도 했다. 그 수레들을 바라보던 준호가 말했다.

◀ 석굴암

* **돌**
신라는 돌을 이용한 석조 건축이 발달했다. 주로 사용한 화강암은 산에서 채취하여 말과 소와 수레를 이용해 운반했다. 신라의 대표적인 석조 건축물로는 불국사의 석가탑과 다보탑, 그리고 석굴암이 손꼽힌다.

"저 수레 행렬에 숨어서 들어가면……."

"그럼 되겠다!"

민호는 당장이라도 수레로 달려갈 기세였다.

그 순간 준호의 눈에 민호의 옷이 들어왔다. 그리고 자신들을 훑어보던 여인의 눈길과 "너희는 어디 사는 아이들이냐?" 하고 묻던 말도 떠올랐다. 지금 이 차림새로 수레에 다가갔다가는 눈에 띄기 십상이었다. 수레를 끄는 사람들은 대부분 누런 삼베옷을 입고 있었기 때문이다.

"옷 때문에 금방 들키겠어. 아까 그 아줌마도 우리 옷을 이상하다는 듯이 봤잖아."

준호의 말에 민호는 금방 풀이 죽었다.

"어떡하지? 갈아입을 옷도 없는데. 차라리 확 벗을까?"

민호는 그렇게 말하고는 진짜로 옷을 확 벗어 버렸다.

뜻밖에도 민호의 벗은 모습은 꽤 그럴싸했다.

준호가 눈을 반짝이며 말했다.

"그래, 벗자! 옷을 벗고 일꾼으로 변장을 하는 거야. 여름이니까 웃통을 벗고 일하는 사람도 있을 거야!"

민호는 기쁨에 몸을 부르르 떨었다. 변장이라니, 이보다 짜릿한 일이 어디 있을까! 민호는 가슴이 뛰었다.

준호는 민호를 따라 윗옷을 훌렁 벗었다. 안경도 잊지 않고 벗어서 옷 위에 두루마리와 함께 올려놓고 김밥을 싸듯이 도르르 말았다. 그리고 가늘고 길게 말린 옷을 허리띠처럼 두르고는 풀어지지 않도록 꼭꼭 묶었다.

"됐다. 이제 두루마리를 잊어버릴 걱정은 없어."

민호도 똑같이 벗은 옷을 돌돌 말아 허리춤에 두르고는 신이 나서 노래를 흥얼거렸다.

"오, 변장! 나는 변장이 좋아!"

민호는 얼굴과 몸에 흙을 마구 발랐다. 머리카락도 덥수룩하게 마구 헝클어뜨렸다.

"형, 나 어때? 못 알아보겠지?"

준호는 '정말 못 말린다니까.' 하고 생각하면서도 민호를 따라 몸에 흙을 문지르고, 머리를 헝클어뜨렸다.

　순식간에 '흙투성이 더벅머리 일꾼' 두 명이 뚝딱 만들어졌다. 정말이지, 놀라운 변신이었다! 준호와 민호는 서로를 손가락질하며 우헤헤 웃음을 터뜨렸다.
　"형, 진짜 웃긴다!"
　"너야말로!"

"오 예, 변장 성공!"

민호가 손을 들자 준호가 힘차게 마주쳤다.

준호는 허리 뒤로 손을 뻗어 두루마리가 잘 있는지 확인하고는 고개를 끄덕였다. 민호도 모래시계가 들어 있는 주머니를 손으로 탁탁 쳤다.

잠입 작전, 준비 끝!

준호와 민호는 키 큰 진달래 수풀을 지나 큰길가로 바투 다가갔다.

4. 잠입 작전

불국사 앞의 문지기는 오가는 수레들을 한가롭게 지켜보며 간간이 수레꾼에게 말을 건넸다.

준호와 민호는 길섶의 진달래 수풀에 몸을 숨긴 채 주위를 살폈다.

산 아래부터 절 안까지 반듯하게 닦인 널찍한 길을 따라 돌이며 나무, 기와를 실은 수레들이 줄줄이 올라오고 있었다. 그중 유독 눈에 띄는 수레가 한 대 있었다. 말이나 소가 끄는 수레*들과 달리, 사람이 혼자서 끌고 올라오는 수레였다.

그 수레에는 마른 짚과 싱싱한 풀이 많이 실려 있었다.

그 수레 옆에 바짝 붙으면 높이 쌓인 짚단과 풀 더미에 가려 문지기에게 들키지 않을 것 같았다.

준호가 나지막이 속삭였다.

"저 수레 옆에 몰래 붙어서 들어가자!"

민호는 눈을 반짝이며 고개를 끄덕였다. 텔레비전 드라마에서나 보던 일이 눈앞에서 벌어지다니, 꿈인가 생시인가 싶었다.

준호와 민호는 사람들 눈에 띄지 않도록 최대한 자연스럽게 수레 행렬 쪽으로 걸어갔다. 변장을 잘한 덕분인지 아무도 준호와 민호를 눈여겨보지 않았다.

준호는 가슴이 두근거리는 것을 간신히 누르며 수레로

▲ 무용총 우차도

* 수레

고대 메소포타미아에서 처음 쓰이기 시작한 바퀴 달린 수레는 짐을 매우 쉽게 운반할 수 있어 유럽과 아시아 대륙 곳곳으로 빠르게 확산되었다. 우리나라에서는 언제부터 사용했는지 정확한 기록이 남아 있지 않다. 다만 고구려의 벽화 고분이나 신라와 가야의 옛 무덤에서 수레 모양의 토기가 발견되는 것으로 보아 아주 일찍부터 수레를 사용한 것으로 추측한다.

다가가 바퀴 옆에 재빨리 붙어 섰다. 잇따라 민호가 준호 옆으로 왔다. 준호와 달리 민호는 여유만만이었다.

덜컹덜컹.

수레가 흙먼지를 일으키며 입구 쪽으로 다가갔다. 수레 옆에 숨은 흙투성이의 더벅머리 침입자 둘은 수레를 따라 그림자처럼 움직였다.

마침내 수레가 문 안으로 들어섰다. 그때였다.

"어이, 거기!"

갑자기 문지기가 수레꾼을 불러 세웠다.

준호와 민호는 가슴이 철렁했다.

들킨 걸까……?

준호와 민호는 숨을 죽인 채 수레를 따라 천천히 걸음을 멈추었다. 높다란 짚 더미 너머로 문지기의 목소리가 들려왔다.

"자네, 아침나절에 왔다 가지 않았나?"

수레꾼이 숨을 몰아쉬며 대꾸했다.

"에그, 한 수레 갖고 누구 코에 붙입니까요. 아직 두어 수레는 더 날라야 하는뎁쇼."

수레꾼은 짐을 싣고 산길을 올라온 말과 소들이 어찌나 먹성이 좋은지, 여물 곳간을 가득 채워 두어도 금방 빈다고 투덜거렸다.

"하긴 그 무거운 돌을 싣고 올라왔으니, 배도 고프겠지.

사람이나 짐승이나 그저 잘 먹어야 일도 잘하지. 그나저나 어제 일하다 말고 탈출한 부역자* 때문에 귀찮아 죽겠네. 다들 신경이 곤두서서 난리야. 에이, 우리만 죽어났지, 뭐! 혹시 무슨 얘기 들걸랑 좀 알려 주게."

문지기가 창으로 짚단을 툭툭 치며 말했다.

준호와 민호는 들킬까 봐 조마조마했다.

수레꾼이 호들갑스럽게 대꾸했다.

"아이고, 알려드리다마다요. 해 지기 전에 한 수레라도 더 나르려면 서둘러야겠습니다요. 자, 그럼 수고하십시오!"

다시 수레가 덜커덩 움직였다. 준호와 민호는 숨소리를 죽인 채 수레 옆에 바짝 붙었다.

수레가 문지기의 시야에서 완전히 벗어날 무렵에야 준호와 민호는 수레 뒤로 가서 큰 숨을 내쉬었다.

* **부역자**
통일 신라 때 백성들은 의무적으로 나랏일을 해야 했다. 이것을 '부역'이라고 하는데, 주로 성이나 제방을 쌓거나 국가와 관청의 밭을 경작했다. 대개 15세~60세의 남성이 부역을 나갔으며, 1년에 한 달 정도 부역을 했을 것으로 추정된다.

"후아!"

수레꾼이 이상한 듯 돌아보았지만, 짚 더미에 가려 아이들의 모습은 보이지 않았다.

수레꾼은 숨을 몰아쉬며 산 위로 계속 올라갔다. 마침내 널찍한 빈터에 수레가 멈추어 섰다. 그곳은 외양간 앞이었다.

외양간 울타리 너머에서 짐을 싣고 올라온 말과 소들이 여물을 먹으며 한갓지게 쉬고 있었다. 그 옆에는 외양간지기로 보이는 준호 또래의 아이가 작두 같은 것으로 풀을 썰고 있었다. 쇠죽을 끓이는 한뎃부엌(집 밖에 음식을 조리할 수 있도록 솥을 걸어 놓은 곳)과 어물을 쌓아 두는 곳간도 보였다.

준호와 민호는 코를 부여잡고 "푸우!" 하고 얼굴을 찡그렸다. 곳곳에 쌓인 소똥과 말똥 냄새에 부글부글 끓고 있는 쇠죽 냄새가 뒤섞여 머리가 지끈거렸다.

여긴 대체 어디일까? 준호와 민호는 수레 뒤에 숨어 주위를 살폈다.

민호가 수레 밑에서 속삭였다.

"형, 저기 소 다리 좀 봐."

민호 말대로 수레 밑으로 소들의 다리와 여물을 먹는 말들의 머리가 보였다. 아까 수레꾼의 얘기처럼 무거운 짐을 싣고 올라온 소와 말들이 이곳에서 먹이를 먹으며 쉬는 모양이었다.

외양간 왼쪽에는 초가지붕 밑에 거적때기가 드리워진 흙집이 있고, 그 옆에 산으로 이어지는 좁은 비탈길이 나 있었다. 그리고 외양간 오른쪽에는 위쪽으로 난 샛길과 옆으로 평평하게 뻗어 있는 오솔길이 있었다.

'어느 쪽으로 가야 탑을 만드는 곳이 나올까?'

준호는 세 갈래 길을 찬찬히 살펴보았다.

산으로 이어지는 비탈길은 그냥 숲길로, 탑을 만드는 곳과는 아무 상관도 없는 것 같았다.

외양간 오른쪽과 위쪽에서 인기척이 나는 것으로 보아, 아무래도 그쪽이 공사 현장인 듯했다. 귀를 기울여 보니,

간간이 뭔가를 두드리는 소리에 고함 소리가 섞여 들렸다. 그렇다면 탑을 만드는 곳도 저 부근이지 않을까?

준호는 살며시 몸을 일으켜 위쪽으로 난 샛길과 오른쪽에 있는 오솔길을 건너다보았다.

민호도 형을 따라 수레 밖으로 고개를 살짝 뺐다. 그러자 앉아 있을 때는 보이지 않던 풍경이 눈에 들어왔다. 위쪽으로 난 샛길은 돌로 만든 높다란 단으로 이어졌는데, 외양간지기 소년은 그 어귀 부근에서 누군가와 이야기를 나누고 있었다. 오른쪽 오솔길 안쪽에는 또 다른 흙집과 널찍한 터가 있고, 몇몇 사람이 그곳에서 길을 등지고 앉아 뭔가를 먹고 있었다. 그리고 그 너머로 계단 같은 것이 보였는데, 석단*으로 올라가는 통로 같아 보였다.

---

* 석단

돌로 만든 평평한 단을 말한다. 불국사는 높은 석단 위에 세워져 있다. 석단 위쪽은 부처님의 나라인 불국, 석단 아래쪽은 불국에 이르지 못한 세속의 세계를 가리킨다. 불국사의 석단은 사물의 다양성을 나타내기 위해 크고 작은 돌을 섞어 만들었으며, 부처님 나라의 반석 같은 굳건함을 상징한다.

"저쪽으로 가자!"

준호는 민호의 손을 잡고 살그머니 일어났다. 그러고는 도둑고양이처럼 오른쪽 오솔길로 살금살금 걸어갔다. 외양간지기 소년은 마주 앉은 사람과 얘기를 나누느라 정신이 없었다.

준호와 민호는 사람들이 음식을 먹고 있는 널찍한 터 옆을 지나, 위쪽 둔덕으로 올라가는 계단 앞에 이르렀다. 단단하고 납작한 돌계단들이 층층이 위쪽으로 이어져 있는 가운데, 계단 위의 높다란 둔덕을 둘러싼 돌벽을 따라 웅덩이 같은 것이 파여 있었다. 물은 없었지만, 벽을 따라 물이 흐르게 만든 연못 같았다. 그 계단 오른쪽에 조금 더 크고 높은 계단이 놓여 있었다. 아마도 그곳이 여인이 말한 계단 같았다.

땅!

계단 위의 돌벽 너머로 맑은 소리가 났다.

"민호야, 저 소리 들려?"

준호의 말에 민호도 멈춰 서서 귀를 기울였다.

땅! 땅! 땅!

"돌 깨는 소리 같지 않아? 저쪽에서 탑을 만들고 있는 게 아닐까?"

준호의 말에 민호의 얼굴이 확 밝아졌다.

"진짜?"

그때였다.

"웬 놈들이냐!"

한 사내가 난데없이 계단 위에 나타나 고함을 질렀다. 햇볕에 검게 그은 사내의 얼굴은 온통 시커먼 수염으로 뒤덮여 있고, 손에는 시퍼런 도끼가 들려 있었다.

준호와 민호는 그 자리에 얼어붙고 말았다.

5. 이걸 몽땅 옮기라고요?

우락부락한 생김새의 사내가 쩌렁쩌렁한 목소리로 소리쳤다.

"어디서 일하는 놈들이기에 여기서 얼쩡거리는 것이냐! 금입택*가에서 온 어린 노비들이 일은 안 하고 게으름을 피운다더니, 혹시 네놈들이 아니냐!"

무슨 말이든 해야 했지만 준호는 도무지 입이 떨어지지 않았다.

그때 민호가 손사래를 치며 호들갑스럽게 말했다.

"아니에요, 아니에요! 우린 소여물을 얻으러 왔어요."

사내가 소리쳤다.

"여물은 뭐에 쓰려고!"

민호는 얼렁뚱땅 둘러댔다.

"저쪽에 소가 있어요. 수레를 끌고 온 소요. 그 소한테 먹이려고요."

그러자 사내의 목소리가 조금 누그러졌다.

"음, 외양간에서 먹이지 않고 길에서 바로 먹여서 내려갈 참이로구나. 좀 전에 북천의 병부사 어르신 댁에서 대웅전에 얹을 기와를 싣고 왔다고 하더니, 그 댁 노비들이냐?"

민호가 얼른 고개를 끄덕이며 말했다.

"네, 맞습니다!"

사내가 다시 물었다.

"그럼 지금 짐을 부리고 있는 것이냐?"

* **금입택**

'금을 입힌 저택'이란 뜻으로, 서라벌에 살던 상류층 귀족들의 호화로운 집을 가리킨다. 신라가 삼국을 통일하고 전성기를 이루던 시기에 서라벌에는 금입택이 39채나 있었다고 한다. 금입택에 살던 귀족들은 넓은 토지를 소유하고 수많은 노비와 사병을 거느렸다.

북천의 병부사 댁은 무엇이고, 대웅전은 또 무슨 소리인가? 민호는 사내가 하는 말을 한 마디도 알아들을 수 없었지만, 부지런히 고개를 끄덕였다. 그러면서 준호의 옆구리를 쿡 찔렀다. 그제야 준호도 눈치를 채고 덩달아 고개를 끄덕였다.

사내가 말했다.

"그럼 잘됐구나! 소여물은 좀 있다가 가져가고, 다른 노비들이 짐을 부릴 동안 저 아래쪽에 있는 기와*부터 좀 옮겨라."

사내가 가리킨 빈터 구석에는 기왓장들이 수북이 쌓여 있었다.

뭐라고? 저 많은 기와를 다 나르라고?

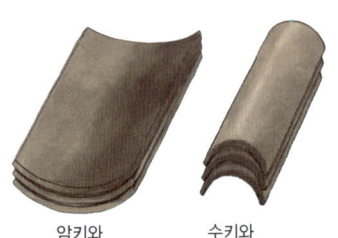

암키와   수키와

* **기와**
고조선 때부터 만들어 쓰기 시작한 기와는 흙을 구워 만든 것으로, 지붕에 얹어 집을 보호하고 장식하는 역할을 했다. 암키와와 수키와를 차곡차곡 얹어 지붕을 덮었으며, 주로 궁궐이나 관청, 절 등의 지붕에 쓰였다.

준호와 민호는 눈이 튀어나올 것 같았다.

"저, 저걸 몽땅요?"

민호가 묻자, 사내가 대답했다.

"그래. 극락전* 마당에 부려야 하는데, 어떤 멍청한 놈이 저기에 부려 놓고 가 버렸어. 수키와, 암키와 구분도 안 하고! 망할 놈들 같으니라고! 저기, 기와 쌓아 놓은 데가 있으니까 잘 구분해서 쌓아라."

사내는 그렇게 말하고 도끼 자루를 바닥에 내려놓았다. 쿵 하고 육중한 소리가 계단을 울렸다.

준호와 민호는 겁에 질려 얼른 기왓장 쪽으로 달려갔다. 그리고 사내의 눈치를 보며 기와를 두어 장씩 들고 돌계단을 올라갔다.

◀ 불국사의 극락전

* 극락전
서쪽의 극락정토에서 중생을 깨우치는 부처, 아미타불을 모시는 법당. '아미타전' 또는 '무량수전'이라고도 한다.

사내가 말한 대로 계단 위에는 수키와와 암키와를 가지런히 쌓아 두는 터가 있었다. 준호와 민호는 그곳에 기와를 내려놓고 주위를 힐끔 살폈다.

석단 중앙에 사내가 극락전이라고 한 듯한 건물이 서 있었다. 그리고 그 안에는 금동 불상*이 놓여 있었다. 건물 오른쪽 옆으로는 좀 더 높은 석단으로 올라가는 돌계단과 회랑이 있었는데, 계단과 회랑 너머로 아름답고 웅장하게 뻗은 기와지붕 꼭대기가 보였다. 한창 기와를 얹고 있는 중인지, 두어 사람이 지붕에서 기와를 받아 가며 일하고 있었다. 아마도 그 건물이 대웅전인 것 같았다.

등 뒤로 사내가 소리쳤다.

"빨리 서두르지 않고 뭐하는 게냐! 다 옮기고 가야 한

* **금동 불상**
동(구리)에 금을 입혀 만든 불상. 불국사 극락전에 있는 금동아미타여래좌상은 불국사 비로전의 금동비로자나불좌상, 백률사의 금동약사여래입상과 더불어 통일 신라의 3대 금동 불상으로 꼽힌다.

◀ 불국사의 금동아미타여래좌상

다, 알겠느냐!"

준호와 민호는 얼른 돌아서서 "네!" 하고 대답했다.

사내는 흡족한 듯 씩 웃고는 계단 밑으로 사라졌다.

준호와 민호는 서로 마주 보며 가슴을 쓸어내렸다.

"후유, 하마터면 큰일 날 뻔했어!"

하지만 눈앞의 기와를 보는 순간 힘이 쭉 빠졌다.

저 많은 기와를 언제 다 옮긴단 말인가?

준호와 민호는 한숨을 내쉬며 계단 밑으로 터덜터덜 내려갔다. 어쨌든 의심을 받지 않으려면 기와부터 옮겨야 했다. 준호와 민호는 일하는 척하면서 기회를 엿보기로 하고 열심히 기왓장을 날랐다.

기왓장은 생각보다 무거웠다. 특히 둥글고 길쭉한 기와와 달리, 넙데데한 기와는 한 번에 두어 장밖에 들 수 없을 만큼 무거웠다. 준호와 민호는 무거운 기왓장을 들고 돌계단을 오르락내리락했다.

그렇게 땡볕에서 대여섯 번 옮기고 나자, 땀이 비 오듯 쏟아지고 다리가 후들거렸다.

"형, 언제까지 옮겨야 돼?"

민호가 비지땀을 흘리며 물었다.

준호는 대답 대신 거친 숨을 몰아쉬었다. 이러다간 석공 아저씨한테 얘기를 전해 주기는커녕 죽도록 일만 하다가 집으로 돌아갈 판이었다.

"시간이 얼마나 남았지? 민호야, 모래시계 좀 꺼내 봐."

민호가 주머니에서 모래시계를 꺼내 들여다보았다.

"형, 반 정도 남았어."

"그럼, 지금까지 흐른 시간만큼 남았겠네."

준호의 말에 민호의 얼굴이 확 밝아졌다.

"와, 형 진짜 똑똑하다! 그럼 아직 시간이 많이 남아 있는 거네?"

좀 전까지만 해도 힘들다고 징징대던 민호가 어느새 생글생글 웃고 있었다.

그때였다.

우르릉, 쿵!

대웅전 쪽에서 뭔가가 무너지는 소리가 나더니, 곧이어 귀청이 찢어질 듯한 비명 소리가 울려 퍼졌다.

준호와 민호는 놀라서 고개를 돌렸다. 그리고는 우당탕탕 계단 위로 달려갔다.

너나없이, 모두가 벌떼같이 몰려가는 계단 위로!

6. 다들 물러나시오!

극락전 앞에는 아무도 없었다. 다들 그 옆에 있는 더 높은 석단 위, 그러니까 대웅전이 있는 곳으로 달려간 모양이었다.

준호는 잠시 멈칫했다.

'석공 아저씨를 찾으려면, 지금이 기회가 아닐까?'

하지만 더 이상 생각할 틈도 없이, 민호가 사람들이 몰려간 쪽으로 쏜살같이 달려가 버렸다.

준호는 몹시 아쉬웠지만 어쩔 수 없이 민호의 뒤를 쫓아갔다.

"같이 가!"

극락전에서 위쪽의 대웅전으로 이어지는 계단을 올라가 문을 지나자 생각지도 못했던 풍경이 펼쳐졌다.

그곳은 아래쪽 석단의 극락전과 마찬가지로 사방이 회랑으로 둘러져 있고 한복판에 웅장한 대웅전*이 서 있었다. 그리고 대웅전 너머로 또 다른 지붕들이 푸른 하늘 위로 우뚝 솟아 있었다.

산세를 따라 흘러내리듯 층층이 지어진 건물들이 아름답기 그지없었다.

그리고 그 대웅전 건물 앞에 사람들이 몰려들어 웅성거리고 있었다.

준호는 민호를 찾아 주위를 두리번거리다가 오른쪽 앞에 솟아 있는 웬 돌탑을 발견하고 눈이 휘둥그레졌다.

▲ 불국사의 대웅전

* **대웅전**
석가모니 불상을 모신 법당으로, 불공과 법회 등 주요 불교 의식이 치러지는 곳이다. 불교 경전인 《법화경》에서 석가모니를 '대웅(위대한 영웅)'이라고 일컬었던 데에서 유래했다. 극락전, 관음전과 함께 절에서 가장 중요한 건물로 꼽힌다.

쌍탑*.

두 개의 탑이 서로 마주 보며 푸른 하늘 위로 솟아 있었다. 준호에게 가까이 있는 탑은 아직 탑의 지붕이 덮이지 않은 상태였지만, 그보다 멀리 있는 탑은 이미 완성된 꼴을 갖추고 있었다.

하늘로 솟아오른 듯 화려한 자태를 자랑하는 탑. 그것은 준호가 역사책에서 보았던 다보탑이 틀림없었다! 10원짜리 동전에도 새겨져 있는 그 다보탑 말이다.

준호는 잠시 넋을 잃고 탑을 우러러보았다.

그 순간 쿠당탕 하고 뭔가가 바닥에 쓰러지는 소리가 나더니, 커다란 비명 소리와 함께 대웅전 쪽에 있던 사람들

* **쌍탑**
두 개의 석탑을 서로 마주 보게 배치한 탑이다. 절의 본당 앞쪽에 대칭으로 세웠으며 사천왕사, 불국사, 감은사 등에 쌍탑이 건립되었다. 쌍탑은 대개 크기와 모양이 똑같지만, 불국사의 다보탑과 석가탑은 모양이 다르다.
◀불국사의 다보탑(왼쪽)과 석가탑(오른쪽)

이 준호 쪽으로 우르르 물러났다. 준호는 얼른 탑 뒤로 몸을 숨겼다.

"어서 예작부(신라 때 건물을 새로 짓거나 수리하는 일을 맡아보던 관아)에 알리게! 벽에 세워 둔 통나무들이 몽땅 쓰러졌다고! 사람이 깔렸네!"

누군가 고함을 지르자, 여기저기서 저마다 한마디씩 해 댔다.

"저 나무부터 들어내게! 저러다 죽겠어! 돌을 들어 옮기는 기구라도 가져오게, 어서!"

"거기, 비켜! 잘못 건드려서 무너지면 낭패야!"

대웅전 앞뜰은 혼란에 휩싸여 완전히 아수라장이었다.

준호는 사람들이 진정될 때까지 침착하게 기다렸다가, 민호를 찾으려고 사람들을 헤치고 앞으로 나아갔다.

민호는 맨 앞줄에 있었다. 몹시 흥분한 듯 주먹을 움켜쥐고 누군가에게 고래고래 소리를 질러 댔다.

"야, 같이 가야지, 혼자 가면 어떡해!"

준호가 말하자 민호가 앞쪽을 가리키며 소리쳤다.

"저기 사람이 있어! 빨리 구해 줘야 돼!"

대웅전 앞에 통나무들이 얼키설키 쓰러져 있었는데, 그 밑에 웬 남자 한 명이 깔려서 신음하고 있었다.

곧 웃통을 벗은 사람 둘이 쓰러진 나무 더미 맨 위에 있던 통나무를 들어올렸다. 그러자 그 밑에 눌려 있던 통나무가 쿠르릉 하고 움직이면서 나무 더미가 다시 무너져 내렸다.

"으아아아악!"

밑에 깔린 남자가 비명을 질렀다.

민호는 안타까운 마음에 발을 동동 굴렀다. 하지만 무너진 나무 더미는 건드릴수록 더욱더 무너져 내렸고, 밑에 깔린 남자의 비명 소리도 더욱 고통스러워졌다.

그때였다. 누군가 인파를 헤치고 앞으로 나오며 고함을 질렀다.

"나들 나무 더미에서 물러나시오! 어서!"

고함 소리의 주인공이 마침내 사람들을 비집고 나타났다. 다부진 몸매에 눈빛이 날카로운 사내였다.

사내는 사람들에게 섣불리 나무를 치우다가는 밑에 깔린 사람이 더 위험해질 수 있다고 경고하고는, 나무 더미 근처에서 얼쩡거리던 사람들부터 뒤로 물러나게 했다. 사

내의 단호한 명령에 사람들은 쓰러진 나무 더미에서 슬금슬금 물러났다.

사내가 앞에 있던 한 남자를 가리키며 말했다.

"거기, 좀 도와주구려."

남자가 "나요?" 하고 묻자, 사내는 짧게 고개를 끄덕였다. 사내는 먼저 밑에 깔려 있는 사람에게 눈을 감으라고 하고는 침착하게 지시를 내렸다.

"자, 서두르지 말고, 내가 시키는 대로 하시오. 우선 거기 맨 위에 있는 통나무 머리를 들고, 천천히 저쪽으로 옮깁시다. 다른 나무는 건드리지 말고, 조심해서."

사내에게 불려 나온 남자가 지시대로 통나무 머리를 들자, 사내는 반대쪽 끝을 들고 조심조심 옆으로 치웠다. 그러고는 다시 나무 더미의 상태를 유심히 살피더니, 똑같은 방식으로 다음 나무를 걷어 냈다. 두 번째 나무는 무너진 나무들 중간에 끼어 있어서 그걸 빼내면 나무들이 와르르 무너져 내릴 것 같았는데, 놀랍게도 무너져 내리지 않았다.

"우와!"

여기저기서 탄성이 흘러나왔다.

준호와 민호도 입을 벌리고 감탄했다. 중간에 낀 나무를 빼냈는데도 어떻게 나무 더미가 무너지지 않은 걸까? 정말이지 신기했다.

"자, 이제 이 밑에 있는 나무 두 개만 걷어 내면 될 것 같소."

사내는 그렇게 말하고 아래쪽에 있는 나무 두 개를 조심스레 걷어 냈다.

마지막 나무를 걷어 내는 순간, 사람들의 입에서 탄성이 새어 나왔다. 놀랍세도 네 개의 나무를 걷어 낸 자리에는 나무 더미에 깔려 있던 사람이 빠져나올 구멍이 세모꼴로 생겨났다.

도대체 어떻게 한 걸까? 준호와 민호는 입이 다물어지지 않았다.

이윽고 나무 밑에 깔려 있던 남자를 밖으로 꺼내자, 사람들이 일제히 큰 소리로 외쳤다.

"살았다!"

"만세!"

사내의 몸에서는 땀이 비 오듯 흘러내렸다.

"다들 비켜라! 어서, 어서!"

뒤늦게 보고를 받고 나타난 예작부 사람이 소리쳤다.

"천막으로 데려가 의원에게 보여라! 뼈가 부러졌을 수도 있으니 조심하고! 거기, 편평한 나무판에다 실어, 어서!"

몇몇 사람들이 편평한 나무판에 다친 사람을 싣고 대웅전 계단 아래쪽으로 내려갔다.

"다들 제자리로 돌아가서 일하게! 어서!"

감독관이 그 뒤를 쫓아가며 소리치자, 모여 있던 사람들이 눈치를 보며 하나둘씩 흩어지기 시작했다.

"야아, 역시 대단해! 기술자는 뭐가 달라도 다르구먼!"

흩어지던 사람 가운데 하나가 감탄하듯 말했다.

"돌만 잘 다루는 줄 알았더니, 여간 똑똑한 게 아닐세!"

잇달아 귀를 의심하게 만드는 소리가 들렸다.

"탑을 만드는 석공이라지? 듣자하니, 사비성에서 왔다더군. 탑을 만드는 재주가 하도 뛰어나서 재상* 어른께서 아주 총애하신다대. 오늘 사람 목숨까지 구했으니, 더욱 총애를 받겠어!"

준호와 민호의 눈이 마주쳤다.

그 아저씨다!

사내는 주위를 한 번 둘러보더니, 탑 쪽으로 천천히 걸어갔다.

준호와 민호는 온몸이 짜릿했다. 드디어 여인이 그토록 만나고 싶어 하던 사비성의 석공을 찾은 것이나!

* 재상
나랏일을 돌보는 관리 가운데 가장 높은 사람들을 말한다. 통일 신라에서는 상대등, 병부령, 시중 등에게 재상이라는 칭호를 썼다. 불국사와 석굴암을 세운 김대성도 재상이었다.

7. 그 사람이 와 있단 말이냐!

모여 있던 사람들이 이제 거의 흩어져서, 대웅전 마당에는 기와를 얹으러 지붕으로 올라간 사람 둘과 그 사내밖에 없었다.

　사내는 아직 다 만들어지지 않은 탑 앞에서 걸음을 멈추었다. 그러고는 훗날 석가탑*이 될 석탑의 기단에서 정과 망치를 집어 들었다. 주위에는 깨어진 돌 조각들이 흩어

*** 석가탑**
불국사 대웅전 앞에 있는 삼층 석탑으로 '석가여래상주설법탑(석가여래가 머물며 설법하는 탑)'을 줄여 석가탑이라고 부른다. 석가나 석가여래는 석가모니를 뜻한다. 석가탑은 감은사지 삼층 석탑, 고선사지 삼층 석탑 등을 거쳐 통일 신라 석탑 양식의 완성을 이룬 석탑으로, 이후 건립되는 석탑의 기준이 되었다.

져 있고, 그 옆쪽에는 아름다운 다보탑이 푸른 하늘 위로 솟아 있었다.

준호와 민호는 가슴이 두근거렸다.

민호가 속삭였다.

"형, 저 아저씨가 그 아줌마가 찾는 아저씨 같지?"

준호는 고개를 끄덕이고 침을 꿀꺽 삼켰다.

"아저씨, 잠깐만요!"

민호가 소리치자 사내가 천천히 돌아보았다.

볕에 검게 그을린 얼굴에서 검은 눈동자가 초롱초롱 빛났다. 짙은 눈썹과 큰 눈, 우뚝한 코, 강한 인상이지만 왠지 모르게 쓸쓸해 보이는 얼굴이었다.

"나를 불렀느냐?"

사내가 나지막이 물었다.

준호가 고개를 끄덕이자 민호가 물었다.

"아저씨, 사비성에서 오셨지요?"

사내의 눈이 커다래지더니 눈시울이 붉어졌다. 사비성

이라는 말만 들어도 그리움이 북받치는 모양이었다.

"내가 사비성에서 온 걸 어찌 아느냐? 너희는 누구냐? 너희도 사비성에서 왔느냐?"

"아뇨. 저희는 사비성에서 오신 어떤 아줌마의 부탁을 받고 왔어요. 아줌마가 아저씨한테 전해 달라고 부탁한 이야기가 있어요."

준호가 대답하자 사내가 되물었다.

"사비성에서 온 아줌마라니, 사비성에서 누가 나를 찾아왔단 말이냐?"

준호를 뚫어지게 바라보던 사내의 얼굴이 곧 벌겋게 달아올랐다. 사내가 다그치듯이 물었다.

"그게 누구냐, 누가 나를 찾아왔단 말이냐!"

민호가 대답했다.

"누구긴요, 아저씨 부인이죠!"

사내의 얼굴이 시뻘게졌다가 다시 하얘졌다.

"부인이라고? 정말이냐? 그 사람이, 여기 왔다고?"

사내가 떨리는 목소리로 묻자 준호가 대답했다.

"네, 저 아랫마을에 와 계세요. 아저씨가 걱정 되어서 사비성에서 찾아오셨대요."

사내의 눈에 눈물이 핑 돌았다. 사내는 몸을 부르르 떨며 계단 쪽으로 후닥닥 뛰어갔다. 당장이라도 부인을 찾

아 산 밑으로 뛰어 내려갈 태세였다.

"잠깐만요, 아저씨!"

준호와 민호는 간신히 사내의 팔을 붙들었다.

"지금은 가도 아주머니를 만나실 수 없어요. 절에서 만날 수 없다고 해서 다른 데로 가셨어요!"

준호가 다급하게 말하자 사내는 이해할 수 없다는 듯이 되물었다.

"절에서 만날 수 없다고 했다고? 어째서?"

"아저씨가 만드는 탑이 부정을 타면 안 된다고요. 아저씨가 탑을 다 만들면, 그때 만나게 해 준다고 했대요."

준호의 말에 사내는 믿을 수 없다는 듯 입을 벌리고 멍하니 서 있었다. 그러다가 갑자기 정신을 차린 듯 준호를 붙잡고 질문을 쏟아 냈다.

"몸은 어때 보이더냐? 아파 보이지는 않더냐? 다친 데는 없고? 혹여 먼 길을 오다가 봉변을 당하지는 않았다더냐?"

사내의 눈이 시뻘개졌다.

"아주머니는 괜찮다고, 걱정하지 말라고 하셨어요."

준호가 대답하자 사내는 눈물을 글썽이며 산 밑을 내려다보았다.

"여기가 어디라고 아녀자의 몸으로 그 먼 길을 왔단 말인가……."

사내는 끝내 주먹으로 눈물을 훔쳤다. 준호와 민호는 몹시 가슴이 아팠다.

민호가 사내를 쳐다보며 말했다.

"아줌마가 아저씨한테 꼭 전해 달랬어요. 오늘 밤 '높은 계단'에 서 있으라고요."

사내는 눈이 휘둥그레져 물었다.

"오늘 밤에? 그게 정말이냐? 높은 계단이라면, 여기 이, 자하문 밖 청운교에 말이냐?"

이번에는 준호가 대답했다.

"네, 아저씨가 무사하신지 먼발치에서라도 보고 싶으시대요. 오늘 밤 달이 뜨면, 저 계단 위에 서 있어 달라고 하셨어요. 그러면 탑이 다 만들어질 때까지 보고 싶어도 꾹 참고 저 아랫마을에서 기다리시겠다고요."

사내는 눈물이 그렁그렁한 눈으로 산 아래 마을을 하염없이 바라보았다. 멀리 산자락에 초가집 몇 채와 자그마한 논밭들, 그리고 울타리가 쳐진 말 목장* 같은 것이 보였다.

사내가 갈라진 목소리로 물었다.

"혹시 그 사람이 어느 집에 묵고 있는지 아느냐? 밥은 굶지 않고 제대로 먹고 있는지……."

바로 그 순간 어디선가 한 줄기 바람이 불어오더니 뭔가가 꿈틀했다. 준호의 허리춤에 묶여 있던 마법의 두루마리가 꿈틀거린 것이다. 그와 동시에 민호의 주머니에 있

▲ 말 모양 토우

* 말 목장
신라 시대에 말은 주요한 운반 수단이자 무기로 국가나 왕실의 것이었다. 전쟁에 대비하거나 공을 세운 사람에게 상으로 주기 위해 나라에서 말 목장을 두고 말을 많이 길렀던 것으로 추측된다. 실제로 신라 고분에서 말 모양의 토우(흙으로 만든 인형)가 출토되었다.

던 모래시계도 꿈틀거렸다. 마법의 시간이 끝나 가고 있었다.

"민호야, 서둘러! 시간이 다 된 것 같아!"

준호가 다급하게 속삭이는 순간, 대웅전 계단 밑에서 시끌벅적한 소리가 났다. 좀 전에 다친 사람을 싣고 갔던 사람들이 돌아오는 모양이었다.

사내가 고개를 돌리고 계단 밑을 내려다보자, 준호가 소리쳤다.

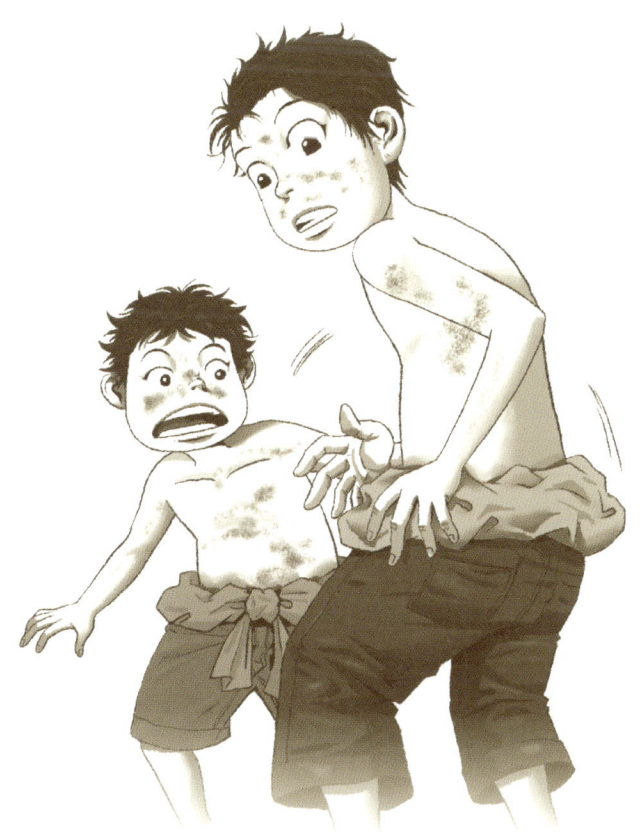

"아저씨, 저희는 그만 가 볼게요!"

준호는 민호의 손을 낚아채고 대웅전 오른쪽으로 허겁지겁 뛰어갔다. 하지만 회랑 입구를 빠져나가기 직전에 잠시 걸음을 멈추고는 큰 소리로 외쳤다.

"아저씨, 힘내세요! 아저씨는 세상에서 가장 아름다운 탑을 만들게 될 거예요. 그 탑은 우리나라의 국보*가 될 거고요. 그러니까 아줌마가 보고 싶더라도 꾹 참고 꼭 탑을 완성하세요!"

두루마리가 금방이라도 떠오를 것처럼 심하게 꿈틀거렸다. 두루마리의 힘이 어찌나 센지, 준호까지 끌려 올라갈 것 같았다.

*국보
국가가 법으로 지정한 문화재. 오래되고, 한 시대를 대표하며, 기술이 뛰어나거나 생김새와 쓰임새가 특이한 것 등 역사적 가치가 높고 희귀한 것들이 국보로 지정된다. 현재 국보로 정해진 우리나라의 문화재는 약 300여 점으로, 지정된 순서에 따라 번호가 붙어 있다.

◀ 황남대총 북분 금관(국보 191호, 국립경주박물관 소장)

"안녕히 계세요, 아저씨!"

민호가 마지막으로 소리치자, 사내는 어서 가라는 듯 손을 휘저었다. 준호는 발이 땅 위로 떠오르는 것을 느끼며, 재빨리 허리춤의 매듭을 풀었다.

다음 순간 마치 기차가 터널을 빠져나오듯 준호의 옷에서 두루마리가 빠져나와 허공으로 두둥실 떠올랐다. 잇달아 민호의 주머니에서 튀어나온 모래시계가 두루마리 속으로 날아들었다.

번쩍!

푸른빛이 공기를 가를 듯 번쩍이자 사내는 무심코 두 손으로 눈을 가렸다. 지붕에서 기와를 잇고 있던 사람들도 눈을 감았다.

그리고 다시 눈을 떴을 때, 두 소년은 사라지고 없었다.

준호와 민호는 다시 익숙한 어둠 속으로 돌아왔다. 서늘한 공기와 지하실 특유의 냄새가 코끝으로, 온몸으로 전해져 왔다. 둘은 어둠에 눈이 익기를 기다리며 잠시 숨을 골랐다.

 그때 느닷없이 정적을 깨고 꺅 하는 소리가 났다. 앙칼진 여자의 목소리였다.

 민호는 속으로 생각했다.

 '어? 누구지? 아까 그 아줌마인가?'

 하지만 그 순간 준호의 머리를 스친 생각은 '큰일 났다!'였다. 집이 아닌 다른 곳에 떨어진 게 분명했다. 공기도 평소보다 더 차가운 것이 어쩐지 으스스했다. 그렇다면 여기는 또 어디란 말인가?

8. 어둠 속의 협박

준호는 눈앞이 캄캄했다. 하지만 바닥을 더듬어 보니, 분명히 자기네 집 지하실과 똑같았다. 준호는 눈을 크게 뜨고 슬며시 고개를 들었다. 어슴푸레한 어둠 속에서 두루마리들이 쌓여 있는 책장이 보였다.

'어? 우리 집 지하실이 맞잖아?'

준호는 어리둥절한 얼굴로 주위를 찬찬히 둘러보았다. 그때 준호의 눈에 웬 여자아이의 모습이 들어왔다. 여자아이는 귀신처럼 서 있었다.

이번에는 준호와 민호가 꺅 하고 비명을 질렀다. 눈이 어둠에 익어 이제 막 여자아이를 발견한 것이다.

"귀, 귀신이다!"

준호와 민호는 서로 부둥켜안고 사시나무 떨듯 덜덜 떨었다.

"야! 너희 뭐야? 도대체 어떻게 된 거야?"

그 귀신인지 뭔지가 말했다. 그런데 목소리가 어린 여자아이의 목소리였다.

목소리의 주인공은 바로 옆집 여자아이였다!

"웃통은 왜 벗고 있어?"

여자아이의 말에 준호는 얼른 윗옷을 입었다. 평소보다 공기가 더 차갑게 느껴졌던 건 윗옷을 벗고 있었기 때문이었다. 민호도 허리춤에 묶었던 옷을 풀어서 입었다. 준호와 민호는 옷매무새를 가다듬고 여자아이를 노려보았다.

도대체 이 아이가 왜 여기에 있는 거지? 어째서 허락도 없이 남의 집 지하실에 들어와 있는 거야? 게다가 여기서 도대체 무슨 짓을 하고 있었던 걸까?

민호가 벌컥 화를 냈다.

"야! 네가 여기 왜 있어! 왜 멋대로 남의 집에 들어와 있는 거야?"

준호도 정신을 차리고 따끔하게 말했다.

"맞아! 허락도 없이 남의 집에 막 들어오면 안 되지!"

하지만 수진은 대수롭지 않게 대답했다.

"아, 미안해. 어쩌다 보니 그렇게 됐어. 아까 여기서 소리가 들리기에 저 창문으로 들여다보는데, 갑자기 너희가 사라지지 뭐야. 푸른빛이 번쩍하면서! 그래서 너희를 구해 주려고 창문으로 뛰어 들어왔지. 너희가 너무 걱정스러워서."

준호와 민호는 어리둥절했다.

"창문?"

"응, 저기."

수진이 손가락으로 가리킨 곳에는 진짜로 작은 창문이 있었다.

준호와 민호는 당황해서 서로를 쳐다보았다. 언제 저기에 저런 창문이 나 있었지? 이 방이 지하실치고는 별로 어둡지 않다고 생각했는데, 저 창문 때문에 그랬을지도 모른다. 지금까지는 막연히 마법의 두루마리들 때문이 아닐까 생각했는데.

수진은 다시 하던 이야기로 돌아와 날카롭게 따지고 들었다.

"어쨌든 나는 다 봤어. 내 눈으로 똑똑히 다 봤다고. 너희들 아주 나한테 딱 걸렸어! 뭐? 거북선이랑 이순신 장군 얘기가 만화 영화 얘기라고? 흥, 누가 그런 거짓말에 속을 줄 알고? 어서 사실대로 말해! 너희들 도대체 무슨 짓을 하고 있는 거야?"

준호는 체념하듯 눈을 감았다. 저 창문으로 모든 걸 지켜봤다면, 빠져나갈 구멍이 없었다.

준호는 길게 한숨을 내쉬었다. 그러고는 잠시 뜸을 들이다가 수진에게 먼저 다짐을 받았다.

"알았어, 사실대로 이야기할게. 대신 아무한테도 말하지 않겠다고 약속해. 무슨 일이 있어도 비밀을 지키겠다고!"

수진은 가뿐하게 대답했다.

"좋아, 약속할게."

준호가 말했다.

"놀라지 마. 잘 믿기지 않겠지만, 저 책장에 있는 두루마리를 펼치면, 과거 속으로 들어가게 돼."

"빛이 번쩍하면서?"

수진이 묻자, 이번에는 민호가 대답했다.

"응, 두루마리를 펴면 푸른빛이 번쩍 하고 빛나."

하지만 수진은 민호는 거들떠보지도 않고 준호에게 다시 물었다.

"과거 어디로 가는 건데?"

준호가 잠시 생각을 해보고서 천천히 대답했다.

"그건 두루마리 마음이야. 두루마리마다 지도기 그려져 있거든. 두루마리를 펼치면 그 지도가 나타내는 곳으로 가게 돼."

민호는 기분이 나빴다. 왠지 수진이 자신을 무시하는 것 같았기 때문이다. 그래서 주의를 주듯 힘주어 말했다.

"너, 절대로 딴 데 가서 얘기하면 안 돼. 알겠지?"

하지만 칼자루는 수진이 쥐고 있었다. 수진은 대답은커녕 콧방귀를 뀌었다. 그러고는 너무나 어처구니가 없는 말을 꺼냈다.

"다음부터는 나도 같이 가."

뭐라고?

민호는 자리에서 펄쩍 뛰었다.

"야, 그런 게 어디 있어! 누구 마음대로 같이 가? 우린 너랑 잘 알지도 못하는데! 그리고 이 두루마리는 우리 거야, 너랑 아무 상관도 없다고! 싫어, 그건 절대 안 돼! 그렇지, 형?"

준호는 무슨 생각을 하는지 아무 말도 없이 눈만 깜빡이고 있었다.

수진이 턱을 치켜들고 말했다.

"그래? 그럼 마음대로 해. 나도 너희 엄마 아빠한테 다 이야기해야겠다. 너희가 아주 위험한 짓을 하고 있다고! 거북선이 대포를 쏘고 화살이 날아다니는 전쟁터에 왔다

갔다 한다고! 그러면 너희 부모님이 뭐라고 하실까?"

민호는 분하고 워통해서 얼굴이 붉으락푸르락했다. 세상에 이런 밉상이 또 있을까! 민호는 주먹을 불끈 쥐고 소리쳤다.

"야! 너 진짜 이럴 거야? 치사하게 부모님한테 이르겠다고? 그리고 이게 얼마나 위험한데, 겁도 없이 같이 가겠다는 거야!"

하지만 수진은 눈 하나 깜짝하지 않았다.

"그래, 위험해. 그러니까 너희도 가면 안 되지. 부모님이 걱정하시잖아. 어쨌든 너희 둘이서만 다니는 건 오늘이 마지막이네. 앞으로는 나하고 셋이 가거나, 아예 못 가거나 둘 중 하나일 테니까!"

아예 못 간다는 말에 민호는 그만 기가 팍 꺾였다.

"어휴, 알았어! 제발 마지막이라는 소리 좀 하지 마."

민호가 울상이 되어 준호의 눈치를 보았다.

"형, 어떡해?"

준호도 괴로운 얼굴로 고개를 떨어뜨렸다.

"하는 수 없지. 알았어. 같이 갈 테니까, 협박하지 마."

수진은 두 팔을 번쩍 치켜들고 "이야!" 하고 괴성을 질렀다.

이보다 더 억울하고 원통한 일이 있을까. 다른 곳도 아닌 자기 집 지하실에서, 준호와 민호는 낯선 여자애한테 꼼짝없이 당하고 만 것이다.

준호는 걱정스러운 표정으로, 민호는 오만상을 찌푸리며 수진을 보았다. 수진은 좋아서 어쩔 줄 몰랐다. 펄쩍펄쩍 뛰고 몸을 부르르 떨며 승리를 만끽했다.

잠시 뒤 수진이 제법 진지한 표정으로 말했다.

"무슨 일이 있어도 비밀은 꼭 지킬 테니, 걱정 마!"

그러고는 정확히 언제 다시 두루마리를 펼치고 과거로 떠날 것인지 꼬치꼬치 캐물었다. 절대 자신을 빼놓고 둘이서만 가지 않겠다고 다짐을 받는 것도 잊지 않았다.

준호와 민호는 적에게 붙잡힌 포로처럼 꼼짝도 못하고 수진에게 끌려갈 수밖에 없었다.

정말이지, 그날은 둘에게 최악의 날이었다.

준호의 역사 노트

과거 여행을 다녀온 뒤, 역사 박사 준호는 도서관과 아빠의 서재를 들락거리며 통일 신라 시대 연구에 몰두했다. 준호는 무엇을 알아냈을까?

통일 신라의 미술을 대표하는 불국사와 석굴암

통일 신라는 고구려, 백제, 신라 미술의 전통과 과학 기술을 바탕으로 빼어난 불교 미술을 꽃피웠다. 그 가운데에서도 불국사와 석굴암은 종교와 과학과 예술이 결합된 통일 신라 불교 미술의 꽃으로 손꼽힌다.

부처가 사는 나라, 불국사

불국사는 원래 작은 절이었으나 신라가 삼국을 통일한 뒤 백성의 마음을 한데 모으고 왕권을 강화하기 위해 지금의 크기로 다시 지었다. 신라 사람들은 부처가 사는 번뇌 없는 세상인 불국토가 신라 땅에 깃들기를 바라는 마음을 담아 불국사에 세 개의 법당을 만들었다. 즉 석가모니의 사바세계

(괴로움이 많은 인간 세계)를 나타내는 대웅전, 아미타불의 극락세계(괴로움이 없는 안락하고 자유로운 세계)를 나타내는 극락전, 비로자나불의 연화장세계(연꽃에

서 태어난 세계)를 나타내는 비로전이다.

　이들 세계는 각각 돌로 된 석단 위에 놓여 있는데, 석단은 부처의 나라와 세속을 나누는 경계이다. 곧 석단 위쪽은 불국토, 석단 아래쪽은 세속의 세계다. 석단에는 두 쌍의 다리(청운교와 백운교, 연화교와 칠보교)가 놓여 있어, 이 다리를 지나면 비로소 부처가 사는 '불국토'에 오르게 된다.

굴속의 절, 석굴암

　석굴암은 신라 경덕왕 때 김대성이 만든 것으로 원래 이름은 석불사다. 석굴을 파서 부처님을 모시는 전통은 고대 인도에서 시작되어 중국을 통해 신라로 전해졌다. 인도나 중국에서 천연의 암벽을 뚫어 석굴을 만든 것과 달리 신라에서는 화강암을 다듬어 인공으로 석굴을 만들었다. 단단해서 다루기 힘든 화강암을 네모나게 다듬은 다음, 반구형으로 쌓아 올린 석굴암은 당시 신라의 수학과 건축 기술이 얼마나 발달했는지 잘 보여 준다. 또 석굴암의 아름답고 섬세한 조각들은 신라인들의 예술성과 조각 기술을 짐작하게 한다. 석굴암은 국보 제24호로, 1995년에 불국사와 함께 유네스코 세계문화유산으로 지정되었다.

▶ 석굴암 본존불

불국사는 어떤 절일까?

신라 법흥왕 15년(528년) 처음 지어진 불국사는 통일 신라 경덕왕 10년(751년) 재상 김대성에 의해 큰 절로 다시 지어졌다.

통일 신라 불교 미술을 대표하는 절로 다보탑과 석가탑, 청운교와 백운교, 칠보교와 연화교 등 문화재가 많아 관광객들이 많이 찾는다.

❶ **대웅전** 석가모니불을 모신 법당. 절에서 가장 중요한 법당으로, 절의 한가운데에 있다.
❷ **극락전** 아미타불을 모신 법당. 법당 안에 금동아미타여래좌상(국보 제27호)이 있다.
❸ **관음전** 자비의 화신인 관세음보살불을 모신 법당.
❹ **비로전** 비로자나불을 모신 법당. 금동비로자나불좌상(국보 제26호)이 있다.
❺ **무설전** 불국사에서 가장 먼저 지어진 건물이다. 진리와 불교의 깊은 뜻은 말로 다 나타낼 수 없다는 생각에서 '말이 없는 큰 집'이라는 뜻의 '무설전'이라는 이름을 붙였다. 부처님의 말씀을 가르치는 강당으로 쓰인다.
❻ **석단** 돌로 만든 단으로, 불국토(부처의 나라)와 세속계(세속의 세계)를 나누는 경계이다.
❼ **안양문** 극락으로 들어가는 문. 안양은 극락의 다른 이름이다. 연화교, 칠보교를 지나 안양문으로 들어가면 아미타불의 세계인 극락전에 이른다.
❽ **연화교, 칠보교** 극락세계로 올라가는 다리로, 아래가 연화교이고 위가 칠보교이다. 국보 제22호.
❾ **자하문** 대웅전으로 들어가는 문. '붉은 안개가 서린 문'이라는 뜻으로, 부처님의 몸에서 나오는 자줏빛이 도는 황금빛 광채가 다리 위에 안개처럼 서려 있다는 뜻에서 붙은 이름이다.

❿ **청운교, 백운교** 석가모니의 불국토로 올라가는 다리로, 아래가 백운교이고 위가 청운교이다. 모두 33계단으로, 33천(天)을 상징하며 욕심을 버리려는 사람들이 올라가는 다리이다. 국보 제23호.
⓫ **범영루** 본래는 불국사 종이 있던 종각이었다. 범영루를 받치는 돌기둥은 수미산을 상징한다. 수미산은 불교에서 세계의 중심에 있다고 믿는 산이다.
⓬ **좌경루** 불교 경전을 보관하던 곳.
⓭ **연지** 불국사 앞에 있던 연못으로 극락을 상징하며, 세속과 극락을 구분하는 경계이기도 하다.

불국사가 품은 두 개의 탑, 다보탑과 석가탑

불국사 대웅전 앞에는 두 개의 탑이 서 있다. 현세의 부처인 석가모니를 나타내는 석가탑(국보 제21호)과 과거의 부처인 다보여래를 나타내는 다보탑(국보 제20호)이다. 불교 경전의 하나인 법화경에 다보여래가 석가여래의 설법이 모두 진리임을 증명하며 칭송하는 장면이 있는데, 이를 상징적으로 보여주기 위해 다보탑과 석가탑을 함께 세운 것이다.

다보탑

『법화경』에 쓰인 다보여래의 궁전을 상징한다. 단단한 화강암을 마치 목조 건축물을 지을 때처럼 섬세하고 화려하게 다루어 기단과 탑신을 세웠으며, 사각형과 팔각형이 완벽한 조화를 이루어 뛰어난 균형미를 보인다.

옥개석
팔각형으로 만든 지붕돌.

탑신
탑신의 아래쪽에서 중앙과 네 모퉁이에 있는 기둥이 탑을 받치고 있다. 각 면에는 돌사자 네 개가 놓여 있었으나, 일제 강점기 때 세 개가 없어지고 현재는 한 개만 남아 있다. 탑신의 위쪽은 사각형과 팔각형이 조화와 균형을 이루며 섬세하게 꾸며져 있다.

기단
동서남북 네 방향에 탑신으로 오르는 계단이 놓여 있다.

석가탑

2층 기단 위에 3층 탑신을 올려 만들었다. 통일 신라 시대 석탑 양식의 완성을 보여 주는 탑으로, 이후 세워진 모든 석탑의 본보기가 되었다. 기단이나 탑신을 특별한 장식 없이 직선으로 꾸며 간결하고 아름다우면서도 장엄한 느낌을 준다.

옥개석
목조 건물의 지붕과 같은 모습으로, 석가탑이 목조 건물의 건축 기법을 따랐음을 알 수 있다.

탑신
3층으로 되어 있다. 고층 목조 건물을 본따서 만들었기 때문에 탑신 1층의 층높이가 가장 높다.

기단
동양 건축에서는 기단을 만들고 그 위에 집을 짓는데, 석가탑의 기단은 이를 재현해 2층으로 되어 있다.

무구 정광 대다라니경

석가탑에서 발견된 세계에서 가장 오래된 목판 인쇄물. 경덕왕 때 석가탑을 세우면서 봉안한 것으로 닥나무 종이에 찍었다. 당시 불교가 융성하면서 불경을 찍어 낼 목판 인쇄술과 더불어 종이 만드는 기술도 발달했음을 알 수 있다. 국보 제126-6호.

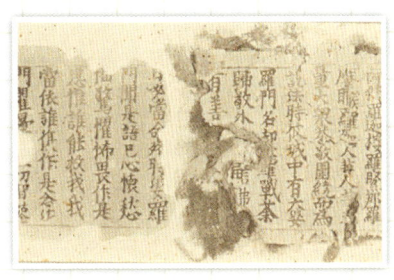

석가탑과 아사달 아사녀 전설

　석가탑은 백제의 장인인 아사달이 만들었다고 전해진다.

　뛰어난 석공이었던 아사달이 불국사의 탑을 만들기 위해 서라벌로 떠난 뒤 돌아오지 않자, 아사달의 아내였던 아사녀가 남편을 만나기 위해 혼자 몸으로 사비성(지금의 부여)에서 서라벌(지금의 경주)까지 천리 길을 찾아갔다.

　그러나 불국사 주지는 탑의 완성을 앞두고 부정을 탈 것을 우려하여 아사녀를 아사달과 만나지 못하게 했다. 아사녀가 자꾸만 찾아오자, 불국사 주지는 꾀를 내어 탑이 다 만들어지면 연못에 탑 그림자가 비칠 터이니, 그때 찾아오라고 하며 아사녀를 돌려보냈다. 그러나 아무리 기다려도 아사달이 만들고 있다는 석가탑의 그림자가 연못에 비치지 않자 아사녀는 낙심한 나머지 연못에 몸을 던지고 말았다. 이때부터 석가탑은 무영탑(그림자가 비치지 않는 탑)이라고도 불리게 되었다.

영지 석불좌상 아사녀가 죽은 뒤, 아사달이 아사녀를 위하여 만들었다는 불상

석불좌상 근처의 영지(影池) 아사녀가 몸을 던졌다는 연못이 있던 곳으로 지금은 저수지가 되었다. 탑 그림자가 비치지 않자 아사녀가 연못에 몸을 던져 죽었다고 전해진다.

사진 자료 제공

19p **백제금동대향로** 국립부여박물관
23p **불국사 전경** 한국관광공사
30p **경주 동궁과 월지** 문화재청
31p **불국사 청운교와 백운교** 문화재청
37p **석굴암** 한국관광공사
47p **무용총 우차도** 국립중앙박물관
63p **불국사 극락전** 문화재청
64p **불국사 금동아미타여래좌상** 문화재청
71p **불국사 대웅전** 문화재청
72p **불국사 다보탑과 석가탑** 한국관광공사
84p, 111p **석가탑** 문화재청
90p **말 모양 토우** 국립경주박물관
92p **황남대총 북분 금관** 국립경주박물관
106p **불국사** 한국관광공사
107p **석굴암 본존불** 문화재청
110p **다보탑** 문화재청
111p **무구 정광 대다라니경** 국립청주박물관
113p **영지 석불좌상, 영지** 경주시청

마법의 두루마리 5
석가탑의 석공을 찾아서

ⓒ 강무홍, 이정강, 2024

1판 1쇄 펴낸날 2024년 1월 22일
1판 2쇄 펴낸날 2024년 10월 1일
글 강무홍 **그림** 이정강 **감수** 박경식
편집 우순교 **디자인** 박정아
펴낸이 강무홍 **펴낸곳** 햇살과나무꾼
등록 2009년 07월 08일(제313-2004-54)
주소 서울시 영등포구 당산로54길 11 상가 305호
전화 02-324-9704
전자우편 namukun@namukun.com
ISBN 979-11-976957-7-3(73810)

* 신저작권법에 따라 한국 내에서 보호를 받는 저작물이므로 무단 전재와 무단 복제를 금합니다.